はじめての データリテラシー
数字のトリックを見ぬけ
① 給食ランキングのグラフのナゾを解け！ ほか

前田健太（慶應義塾横浜初等部教諭）／監修

汐文社
ちょうぶんしゃ

このグラフ、おかしなところはないかな？

グラフはさまざまなデータを、目に見える形でわかりやすく示してくれるもの。でも、そのまま信じてしまうのは、ちょっと待って！
どこかにおかしな部分はないか、グラフの目盛りや表し方に不自然な部分がないかを、まずは調べてみよう。

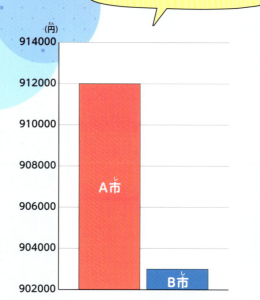

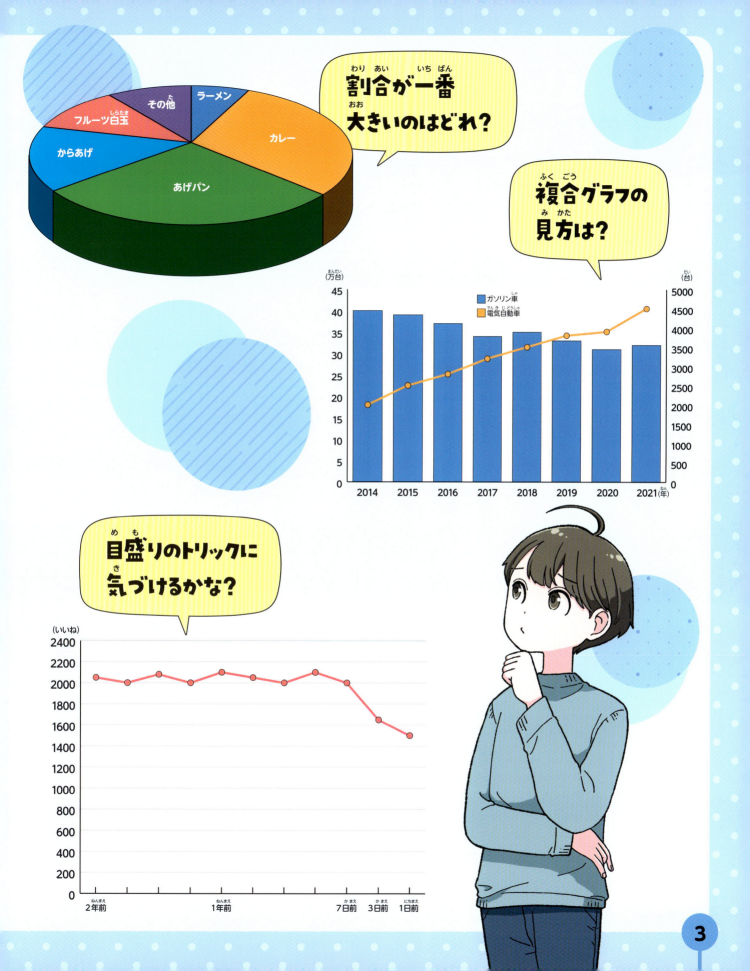

はじめに

「小学生の○％が、新作アニメ『△△△』に夢中！」
「今月の××デパートでの売上ランキング1位は□□！」

インターネットやSNS、テレビなどで、このようなデータや情報を目にすることはありませんか？　そして、「○％の人が見ているなら、自分もこのアニメを見ようかな」と思ったり、「□□が人気だから、自分もほしい！」と思ったりすることはありませんか？

しかし、そのデータや情報が、すべて正しいとは限らないのです。多くの人の気持ちを動かそうとしたり、商品の売上を増やそうとしたりして、大げさな差をつけたランキングや、都合のいい部分だけを切り取ったようなグラフを見せていることも少なくないのです。

そんなときに、「これって本当にグラフのとおりなのかな？」「おかしな部分はないかな？」と考える力が必要になります。その手助けとなるのが、「データリテラシー」です。

データリテラシーは、かんたんにいうと、「データや情報を正しく読み取る力」のことです。この力を身につければ、どんなデータにもまどわされず、数値や情報が示している内容を理解することができます。

まずはこの1巻で、グラフの見方を学びながら、データリテラシーの基本を身につけてみましょう。

キミはグラフの「トリック」を見やぶれるかな？

もくじ

このグラフ、おかしなところはないかな? ……………………………… 2

はじめに ………………………………………………………………… 4

縦軸の目盛りはどうなってる? …………………………………………… 6

Q A市とB市で、教育費に「大きな差」があるって本当? …………… 7

グラフの「急増」のナゾをあばけ! ……………………………………… 10

Q 遊園地の来場者数は本当に「急増」しているのかな? ……………… 11

立体(3D)グラフの「トリック」とは? ……………………………… 14

Q 円グラフで一番割合が多いのはどれ? ………………………………… 15

2種類のグラフの「合わせ技」を見ぬけ! ……………………………… 20

Q C社では、ガソリン車よりも電気自動車のほうが売れているの? … 21

「いいね」が急に減ったナゾを解け! …………………………………… 24

Q ウェブまんがの「いいね」の数が急に減ったのはなぜ? …………… 25

グラフのまとめ　グラフの種類を知ろう …………………………… 28

さくいん・データを読み取るためのキーワード ……………………… 31

Q A市とB市で、教育費に「大きな差」があるって本当?

小学生一人あたりの教育費について、A市とB市で大きな差がありそうだ。
しかし、はたして本当に「大きな差」があるのだろうか?

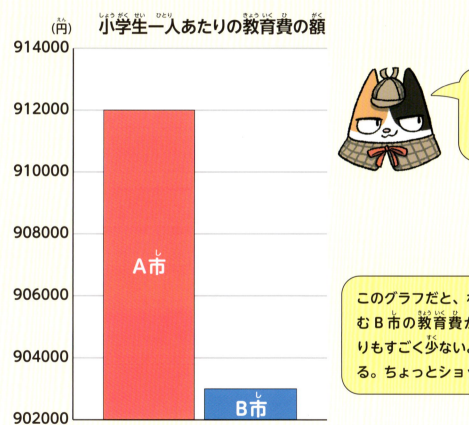

この二つの市の教育費に、どの程度の差があるのか考えてみよう!

このグラフだと、わたしの住むB市の教育費が、A市よりもすごく少ないように見える。ちょっとショック……。

目盛りはどうなっているかな?

グラフを読み取るには、A市とB市の値を比べるだけでなく、それぞれの数値を正しくつかむことが大切だ。まずは、グラフの縦軸の目盛りをよく見て、A市とB市の値を確認しよう!

さっきのグラフでは、A市とB市の値の差を大きく見せようとして、縦軸の目盛りに「トリック」がひそんでいたぞ。キミは気づけたかな？

縦軸の目盛りの間が広くなっている
縦軸の目盛りの間隔が広いため、少しの金額の差でも大きな差として見えてしまう。

実際にはA市とB市では「大きな差」はない
目盛りから計算すると、A市とB市の差は9000円ほど。これは、A市・B市それぞれの金額の1％にも満たない。そのため、「大きな差」とはいえない可能性がある。

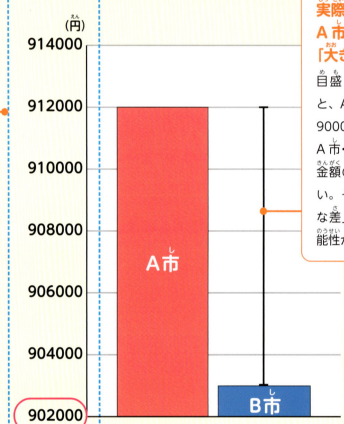

目盛りの起点が「0」ではない
目盛りの起点（スタート地点）を90万2000円にすることで、A市とB市の差がある部分だけを切り取っている。

棒グラフとは？

棒の長さで比較できるグラフ
棒の長さで数や量を表すグラフです。関係のあるデータを棒グラフにしてならべれば、多いか少ないかを比べることができます。

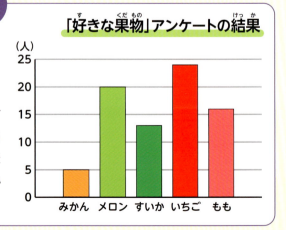

「好きな果物」アンケートの結果

縦軸の目盛りを変えてみよう

グラフの縦軸の目盛りによって、A市とB市の教育費には「大きな差」ができていた。では、目盛りを変えるとどうなるだろう？

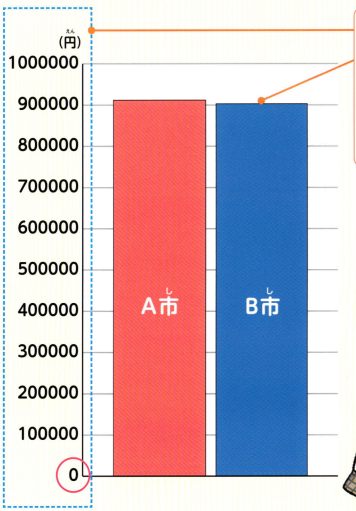

目盛りを変えるとグラフの印象が変わる

グラフの縦軸の目盛りの起点を0にして、目盛りを10万円きざみにしたら、A市とB市の小学生一人あたりの教育費には、大きな差はないことがわかる。

最初のグラフだと、B市の教育費がとても少なく見えたけれど、本当はA市とあまり変わらなかったんだね！

それがグラフの「トリック」なんだ。パッと見ただけでは、本当の数値に気づけないこともあるんだよ。

📝 まとめ

✓ 実際の値とグラフでは、見た目の印象が異なることがある。
✓ とくに、縦軸の目盛りの起点が「0」でない場合や、目盛りの間が極端に広かったり、せまかったりする場合には、見た目のイメージが大きく変わりやすい。

Q 遊園地の来場者数は本当に「急増」しているのかな?

ある遊園地の来場者数が、ここ数年で急増しているという。
グラフでは、たしかに来場者数が増えているようだけれど……。

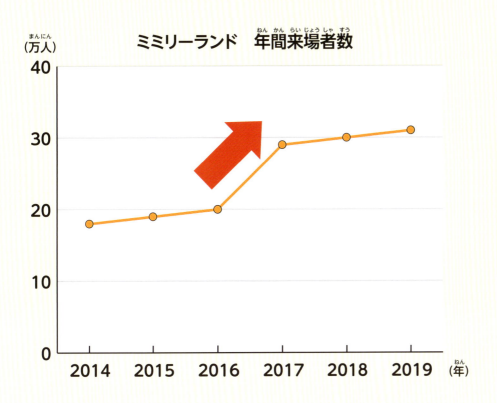

グラフを見ると、ミミリーランドの来場者数は、2017年から一気に増えているよね? ちがうのかなぁ。

この期間以外の来場者数は?

横軸を見ると、このグラフでは2014年から2019年までの来場者数を示していることがわかるね。では、2014年より前や、2019年より後の来場者数はどうだったんだろう?

横軸で表す期間を、さっきのグラフよりも長くすると、来場者数がどのように変化しているかを正確に知ることができるぞ。

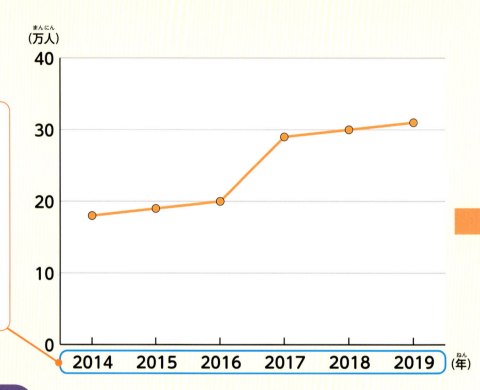

グラフで示す期間がせますぎる

このグラフでは、2014〜2019年の来場者数しかわからない。そのため、2017年からの来場者数の「急増」も、**グラフに示された期間内の限られたこと**かもしれない。

折れ線グラフとは?

時間とともに変化する数量を表す

時間が経つごとに、どのようにデータが変化していくかを表すのに向いたグラフです。横軸で時間、縦軸で数や量を表すことが多いです。

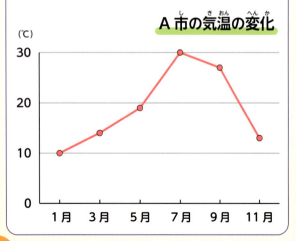

つまり、2014年より前の期間や、2019年より後の期間の来場者数も見てみないと、2017年からの「急増」が、本当かどうかはわからないってこと？

そのとおり。では、さっきのグラフよりも期間を広げて、ミミリーランドができた年からの来場者数をグラフにしてみると、どうなるかな？

12

横軸の期間を広げてみよう

「急増」に見えるグラフを、横軸で示した期間を広げて見てみよう。さて、どんなふうに変わるかな？

期間を広げれば正しい「変化」がわかる
最初のグラフでは、この期間だけを切り取って見せていた。期間を広げると、どのように数値が変化してきたかを知ることができ、今後の変化を予測することもできる。

2006年をピークにして、来場者数が減っているんだね。2017年の「急増」も、全体の期間の中ではちょっと増えただけで、2019年より後は減っているのか！

せまい期間では変化は小さい
せまい期間の「大きな増加・減少」が、期間を広げて見てみると、じつはわずかな変化であったり、一時的なものだったりすることがわかる。

✏️ まとめ

- ✔ 折れ線グラフでは、線のかたむきの変化だけを見てしまうと、情報のとらえ方をまちがえやすくなる。縦軸や横軸にも注目して、正しく読み取ろう。
- ✔ 都合のいい部分だけを切り取って見せているグラフもある。

13

Q 円グラフで一番割合が多いのはどれ？

これは、好きな給食のメニューのアンケートを集計した円グラフだ。
一番人気はあげパンのように見えるけれど……。

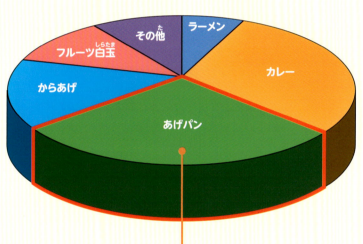

給食人気投票　結果発表

このグラフでは、あげパンへの投票数がもっとも多かったように見える。

> ほんとにあげパンが1位なの？ ぼくだけじゃなく、友だちもみんなカレーに投票したって言ってたのになぁ……。

> これは、立体(3D)の円グラフだよ。みんなが学校で習う、平面(2D)の円グラフとは見え方が少しちがうんだ。

データ探偵 ニャン太からのヒント！

立体(3D)グラフの見え方に注意！

グラフは一般的に平面(2D)でつくるものだ。それが立体(3D)になると、見た目の印象が変わってしまう。また、円グラフをつくるときには、ある「ルール」があるんだよ。

15

立体(3D)のグラフでは、手前にあるものが大きく見えてしまうんだ。そのことを頭に入れて、グラフを見る必要があるよ。

この立体グラフは、学校で習う平面の円グラフと見え方がぜんぜんちがうから、どの割合が一番大きいのかがわからないよ。

あと、円グラフでは、割合の大きなものからならべるというルールがあるんだ。このグラフでは、それが守られていないね。

割合の大きなものからならんでいない

円グラフでは、時計でいうと「12時」の位置を起点にして、割合の大きな項目からならべるのが一般的。しかしこのグラフでは、その順番がバラバラになっている。

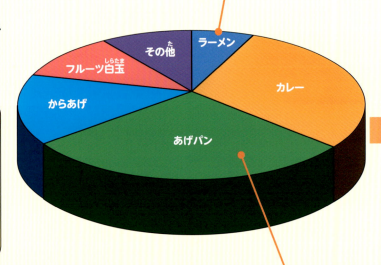

立体(3D)では手前が大きく見える

立体(3D)のグラフでは、手前の項目が大きく見え、反対に奥の項目は小さく見えやすいため、実際の割合とは大きさが異なって見えてしまう。

円グラフとは？

「全体の何％か」を円を区切って示す

円全体を100％として、その中でそれぞれの項目が何％なのかで区切り、おうぎ形で表すグラフです。

「好きなスポーツ」アンケート集計

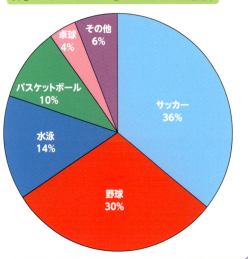

立体(3D)グラフを平面(2D)にしてみよう

立体(3D)のグラフでは、手前と奥で大きさの見え方が異なってしまう。
そこでグラフを平面(2D)に変えて、割合の大きさを確認しよう。

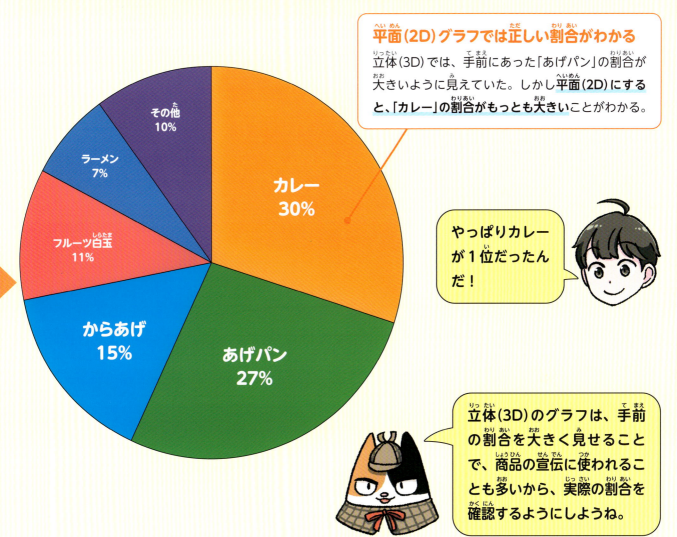

平面(2D)グラフでは正しい割合がわかる
立体(3D)では、手前にあった「あげパン」の割合が大きいように見えていた。しかし平面(2D)にすると、「カレー」の割合がもっとも大きいことがわかる。

やっぱりカレーが1位だったんだ！

立体(3D)のグラフは、手前の割合を大きく見せることで、商品の宣伝に使われることも多いから、実際の割合を確認するようにしようね。

🖋 まとめ

✓ 立体(3D)のグラフでは、手前の項目が大きく、奥の項目が小さく見えやすい。
✓ 円グラフでは、割合が大きい項目からならべるのが一般的。その順番がバラバラなときは、「なぜそうしているんだろう？」と考えてみよう。

17

さて、ここでは円グラフ以外の立体（3D）グラフを見ていこう。キミはこのグラフの「トリック」を見破れるかな？

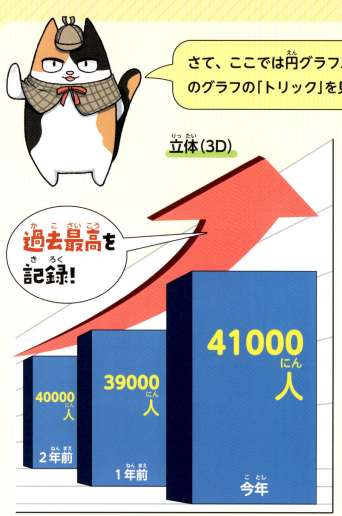

バトルゲーム「リアルBUSHI」新規登録者数

これは、あるゲームの新規登録者数を表している棒グラフだ。3年間でどんどん加入者が増えているように見えるよね。

これだと、3年間で一気に加入者が増えてるって感じかなぁ？

平面（2D）にしたら、一気に増えているわけでもないし、1年前なんてちょっと減ってる！

そのとおり。これも「立体（3D）では手前が大きく見える」ことを使ったトリックなんだよ。

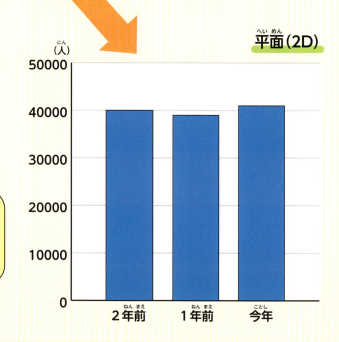

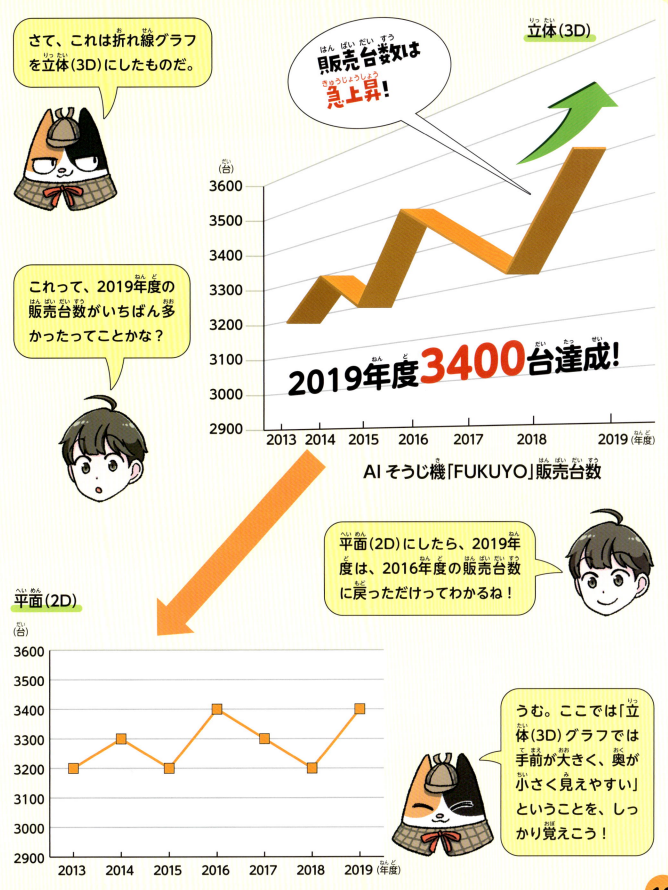

2種類のグラフの「合わせ技」を見ぬけ！

少年、どうした？

調べ学習をしていたら、C社の電気自動車の販売台数が、ガソリン車より多いっていうグラフが出てきたんだけど、どこかおかしい気がするんだよ

なにがおかしいと思うんだ？

うーん……

このグラフのおかしい部分がわからんとは、おぬしもまだまだだな！

むぅ…

Q C社では、ガソリン車よりも電気自動車のほうが売れているの？

自動車メーカー・C社でのガソリン車と電気自動車の販売台数を表しているグラフ。ガソリン車よりも電気自動車が売れているように見えるけれど、本当かな？

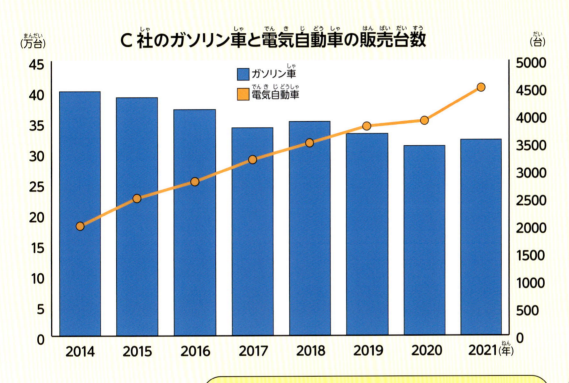

電気自動車は環境にやさしそうだし、ガソリン代もかからないから、買う人が増えているのかな？

二つのグラフの値をそれぞれ確認しよう

棒グラフと折れ線グラフの高さの差だけを見ると、電気自動車が一気にガソリン車の販売台数を追いぬいているように見える。しかし、それぞれの値がいくつかを確認することが大切だ！

さっきのグラフは、棒グラフと折れ線グラフを組み合わせた「複合グラフ」だ。それぞれが、どの目盛りにもとづいてつくられているかを確認しよう。

グラフの左右に目盛りがある

ガソリン車の販売台数を表す棒グラフは左の目盛り、電気自動車の販売台数を表す折れ線グラフは右の目盛りを基準にしている。

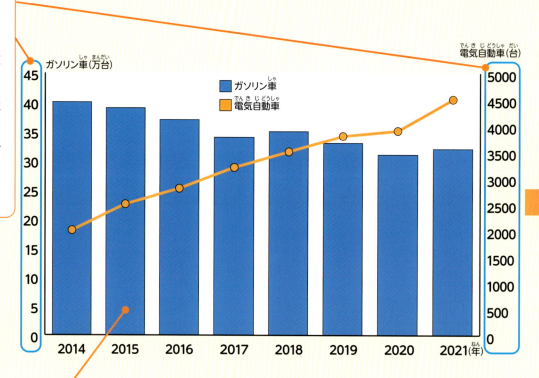

異なる種類のグラフを用いる理由は?

「販売台数」という同じものを示すために、種類の異なるグラフを用いては、数値を正しく読み取ることができない。しかし、あえて異なった種類のグラフを用いているのはなぜだろう?

もしかしたら、ガソリン車の販売台数を棒グラフで表すことで、数値が少ないかのように見せたいのかな?

するどい！ では、左右にあった目盛りを一つにまとめて、どちらも折れ線グラフにしてみよう！

22

グラフの種類と目盛りを統一してみよう

両方のグラフをどちらも折れ線グラフにして、目盛りを一つにまとめてみよう。
ガソリン車と電気自動車の販売台数のイメージは、どう変わるかな？

二つのグラフの目盛りを一つにする

目盛りを一つにすると、二つのグラフの数値の変化や、数値の差を正しくつかむことができる。

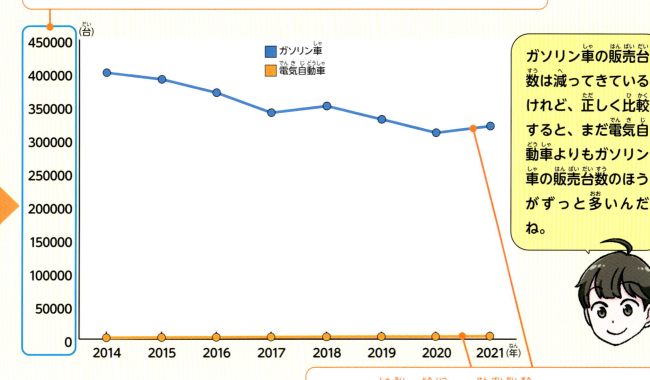

ガソリン車の販売台数は減ってきているけれど、正しく比較すると、まだ電気自動車よりもガソリン車の販売台数のほうがずっと多いんだね。

グラフの種類を統一して販売台数のちがいをつかむ

どちらの数値も折れ線グラフで表すことで、ガソリン車と電気自動車の販売台数のちがいを一目で確認できる。

📝 まとめ

- ✓ 複合グラフで目盛りが左右にある場合には、目盛りを一つに統一してみると、グラフの数値の正しい比較ができる。
- ✓ 目盛りが左右にあるグラフでは、どのグラフがどちらの目盛りを基準にしているかを確認しよう。

ウェブまんがの「いいね」の数が急に減ったのはなぜ？

あるウェブまんがの「いいね」の数が急に減っているとのうわさがある。
実際、グラフでも急に減っているように見えるけど、どうしてだろう？

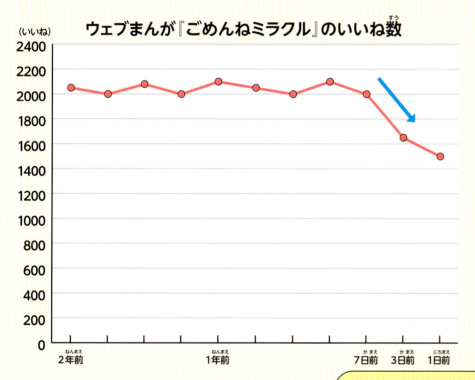

『ごめんねミラクル』の「いいね」の数が減っているなんてショック。このままだと、連載が終わっちゃうかも……。

落ち込むのはまだ早いぞ！　まずはこのグラフを正しく読み取って、本当に「いいね」が急に減っているのかを確認だ！

まずは目盛りを見てみよう！

　グラフを見るときには、必ず目盛りを確認すべきだったね。では、今回のグラフでも目盛りをチェックして、おかしなところを見つけてみよう！

25

目盛りをチェックして、おかしなところを見つけられたかな？　このグラフでは、横軸の目盛りの間の幅に注目してみよう！

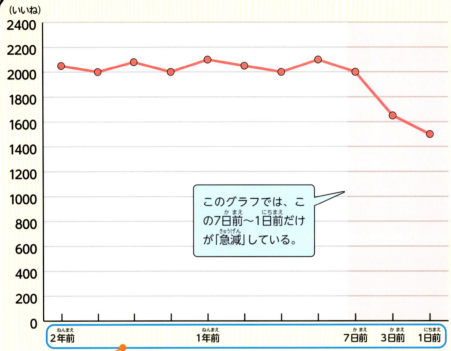

このグラフでは、この7日前〜1日前だけが「急減」している。

目盛りの時間の幅がバラバラ

目盛りの時間の幅がバラバラになっている。たとえば、「2年前」と「1年前」の間は1年間なのに、「7日前」と「3日前」の間の4倍程度の幅でしかない。

これでは、「いいね」の数を正しく集めたグラフとはいえないぞ。ちなみに、そのウェブまんがは、毎週何曜日に最新話がアップされるんだい？

たしか、月曜日だったはず……。あっ！　もしかして、それが「いいね」の数にかかわっているのかな？

26

横軸の目盛りを整理しよう

さっきのグラフでは、横軸の目盛りの時間の幅がバラバラだった。そこで目盛りを1日きざみにして、2週間分のグラフにしてみよう。

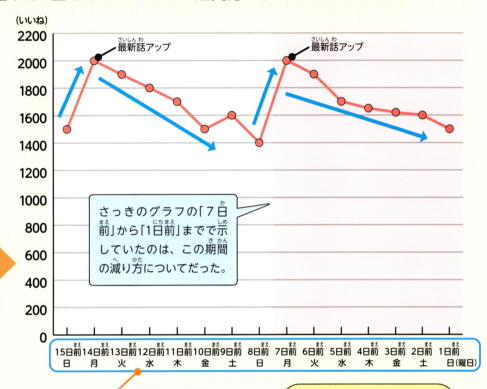

さっきのグラフの「7日前」から「1日前」までで示していたのは、この期間の減り方についてだった。

毎日の集計では曜日ごとにばらつきが

横軸をここ2週間の1日ごとにすると、ウェブまんがの最新話アップ日である月曜日に「いいね」の数が急増する。その後だんだんと減っていき、アップ前日の日曜日の「いいね」数がもっとも少ない。

最初のグラフでは、「2年前」や「1年前」の「いいね」の数もあったから、ついつい「最近は減っている」って信じちゃったんだよね。反省……。

✏️ まとめ

- ✓ グラフの横軸の目盛りの時間の幅が、等しいか確認しよう。
- ✓ グラフの数値の変化をそのまま受け入れるだけでなく、「どのような原因・理由で変化しているのか」を考えることも大切だ。

> グラフのまとめ

グラフの種類を知ろう

グラフにはたくさんの種類がある。ここでは、これまで紹介したグラフを中心に、どんなときにどのグラフを使うべきかを知っておこう。

❶ 棒グラフ

棒の長さで数量を表すグラフです。関連する棒グラフを並べることで、数量の多さを比べることができます。

積み上げグラフ

1本の棒グラフに、2種類以上の数や量を積み重ねるようにして表す。

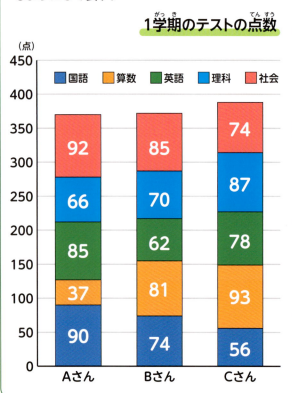

1学期のテストの点数

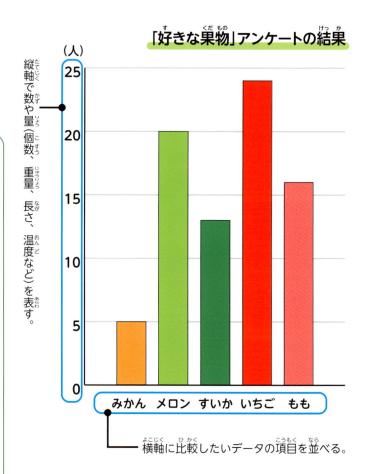

「好きな果物」アンケートの結果

縦軸で数や量（個数、重量、長さ、温度など）を表す。

横軸に比較したいデータの項目を並べる。

棒グラフに向いているデータ
- 教科ごとのテストの点数の比較
- 1年ごとの商品の売上個数の比較　など

❷ 折れ線グラフ

横軸で時間、縦軸で数や量を表し、時間が経つごとにどのようにデータが変化していくかを表すグラフです。

折れ線グラフに向いているデータ
- 毎年測定する身長や体重の変化
- 月ごとの商品の売上の変化　など

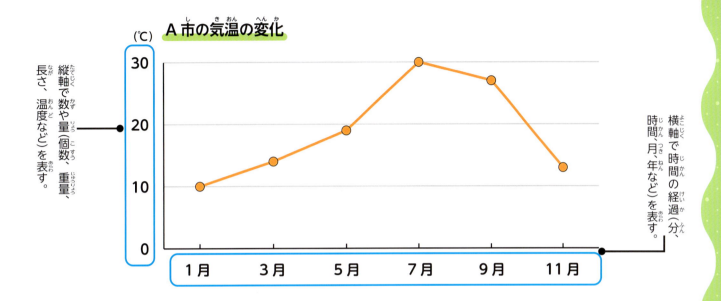

❸ 円グラフ

円全体を100%として、その中でそれぞれのデータが何%をしめるかを表すグラフです。

円グラフに向いているデータ
- 世界のCO2排出量における国別の割合
- 投票に行く人と行かない人の割合　など

「好きなスポーツ」アンケート集計

	サッカー	野球	水泳	バスケットボール	卓球	その他	合計
人数	18人	15人	7人	5人	2人	3人	50人
割合	36%	30%	14%	10%	4%	6%	100%

合計人数である50人を100%として、それぞれのスポーツを回答した人数の割合をグラフにする。なお、割合は全体の数によって変化することもある。このことは2巻で説明するよ！

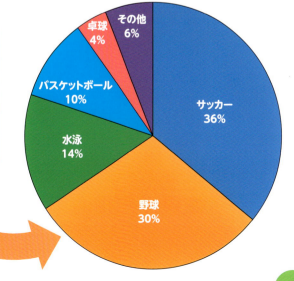

29

❹帯グラフ

横に長い長方形（帯）を100%として、各項目がその中でどの程度の割合をしめるかを表すグラフです。帯グラフを複数ならべることで、項目ごとの割合を比較することができます。

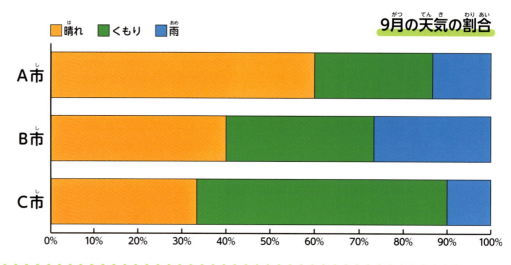

❺ヒストグラム（柱状グラフ、度数分布図）

データをいくつかの区間に分け、それぞれの区間にどれだけの度数（データの個数）が集まっているかを示すグラフです。個数がどの区間にどのように散らばっているか、どの区間に多く集まっているかを確認できます。

ヒストグラムは、3巻で紹介する「最頻値」を出すために使用するよ！

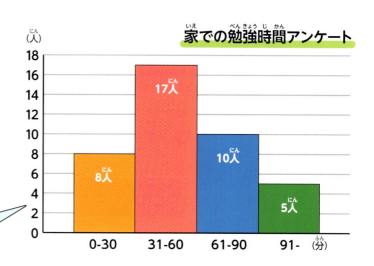

❻レーダーチャート

複数の項目があるデータを、正多角形（正五角形や正六角形など）で表すグラフです。各項目の数値の大小を比べることができ、全体的なバランスや数値のかたよりを確認できます。

6種目をそれぞれ5段階で評価しているよ。

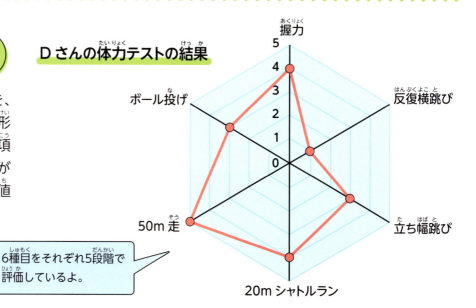

さくいん

- 円グラフ ……………………………………… ⑮、⑯、⑰、㉙
- 帯グラフ ……………………………………………………… ㉚
- 折れ線グラフ ……………………… ⑫、⑬、⑲、㉑、㉒、㉓、㉙
- 縦軸 …………………………… ⑦、⑧、⑨、⑫、⑬、㉘、㉙
- 積み上げグラフ …………………………………………………… ㉘
- ヒストグラム ……………………………………………………… ㉚
- 複合グラフ ………………………………………… ③、㉑、㉒、㉓
- 棒グラフ …………………………………………… ⑧、⑱、㉑、㉒、㉘
- 目盛り ……………… ②、③、⑦、⑧、⑨、㉒、㉓、㉕、㉖、㉗
- 横軸 ……………………………… ⑪、⑫、⑬、㉖、㉗、㉘、㉙
- 立体(3D)グラフ ………………………………………… ⑮、⑯、⑰、⑱
- レーダーチャート ………………………………………………… ㉚
- 割合 ……………………………………… ③、⑮、⑯、⑰、㉙、㉚

データを読み取るためのキーワード
クリティカルシンキング

この1巻で紹介したグラフには、それぞれ「トリック」がひそんでいました。そのため、グラフを読み取るうえでは、グラフをそのまま信じるのではなく、「これってヘンじゃない?」「どこかちがうのでは?」などと疑ってみることが大切だと気づくことができたかと思います。

このように、あえて疑ってみる考え方を、「クリティカルシンキング(批判的思考)」といいます。データや情報を目の前にしたら、そのまま丸飲みするのではなく、「これは本当かな?」と考えることでかみくだき、データや情報が表す本当の意味を見つけるようにしましょう。

データには、「どうして?」「なんで?」と、問いかけるクセをつけようね!

31

監修　前田健太（まえだけんた）

慶應義塾横浜初等部教諭。学校図書教科書編集委員。単書『しかける！　算数授業』（明治図書出版）ほか、共著や雑誌寄稿多数。
子どもたちが愉しいと思える算数授業を目指して日々実践を重ね、その様子をX（旧Twitter）などのSNSで発信している。X:@mathmathsan

編集・執筆　菅原嘉子
イラスト　　田島ゆみ
デザイン　　中富竜人

数字のトリックを見ぬけ　はじめてのデータリテラシー

❶ 給食ランキングのグラフのナゾを解け！　ほか

2024年11月　初版第1刷発行

監修者　　前田健太（慶應義塾横浜初等部教諭）
発行者　　三谷光
発行所　　株式会社汐文社
　　　　　〒102-0071
　　　　　東京都千代田区富士見1-6-1
　　　　　TEL 03-6862-5200　FAX 03-6862-5202
　　　　　https://www.choubunsha.com

印　刷　　新星社西川印刷株式会社
製　本　　東京美術紙工協業組合

ISBN978-4-8113-3187-4